美丽中国行

坐着火车去旅行

（北京—拉萨篇）

万卷诚品 编绘

CHISO SINCE 1956 新疆青少年出版社

·乌鲁木齐·

旅行清单

就要坐着火车去西藏啦！你是否也跟我一样是一个铁路迷呢？

即将开始的这段旅程既让我兴奋，又让我有一丝丝的紧张。在踏上列车之前，有什么需要准备的呢？

温馨提示

医生建议，旅客进入高原旅行前应进行体检，确保身体状况能够适应 3000 米以上高海拔地区。

高原反应也称高原病、高山病，指人们进入高海拔地区时，因空气干燥、紫外线照射、寒冷等变化，身体为适应高海拔高度而出现的气压差、含氧量降低的生理应激反应。

旅行的装备很重要，那么我们来看看我的旅行清单上都有哪些物品吧！

必备物品

大背包

外套

墨镜

遮阳帽

保暖衣物

舒适的鞋子

换洗衣物

选备物品

照相机

望远镜

润唇膏

防晒霜

防抗高反药物

维生素

保温杯

洗漱用品

笔记本

笔

另外，我还带上了垃圾袋，方便将垃圾带到可以将其分类处理的地方，从而减少对自然环境的破坏。

有害垃圾

厨余垃圾

可回收垃圾

其他垃圾

火车

我们乘坐的 Z21 次列车始发站为北京西站。北京西站就是老北京口中的"西客站"，位于莲花池东路、西三环路附近，乘坐北京地铁 7 号线和 9 号线，都能到达这里。Z21 次列车从北京西站出发时间是晚上，上车后正好可以美美地睡一觉！

上车后，可以将行李放到床下的空间或者放到座椅上方的行李架上，这样就不会过多地占用活动的空间啦。列车的窗边，有折叠椅和小桌子，用自带的杯子可以在车厢连接处接到热水。

北京西站在规划选址时，曾经考虑占用莲花池。莲花池历史很悠久，曾经是辽金时期北京（在辽代时北京叫"南京"，金代时北京叫"中都"）的重要水源。经过多次规划论证后，最终将莲花池这一文化遗址的主体保留了下来。

你有没有想过，为什么你乘坐的这列火车是深绿色的呢？这是因为，绿色对野生动物的视觉刺激最小。但是，在户外环境中，太过隐蔽也不好，会对意外穿越铁路的人和动物造成威胁，为此，进藏列车上还装饰有一条明亮的黄色色带，能使人和动物注意到列车。

铁路运输是最便捷、最安全高效的陆上交通运输方式之一。铁轨光滑、坚硬，能使列车的车轮在上面以最小的摩擦力滚动，这样就能节省一定的能量。

西藏经济建设所需的物资许多都来自全国各地，进藏铁路的开通改变了过去西藏的运输只能依靠航空和公路两种途径的状况，大大降低了运输成本。

中卫与黄河

太阳升起来了，列车来到了宁夏回族自治区的中卫市。这里地处宁夏、甘肃、内蒙古三省的交界，北边是腾格里沙漠，黄河横贯市区北部。中卫历史悠久，在春秋时期是羌戎部族的居住地。

列车在中卫站有 20 分钟的停留，可以下车活动一会儿。不过，你或许不想错过中卫的独特风光，想在这里多停留几天。

黄河是中国第二长的河流，发源自青藏高原，向东流入渤海。黄河流域是中华民族的摇篮，黄河是中华民族的象征。

在中卫，黄河从陇西高原进入宁夏平原。从这里往东，沿黄河两岸的平原地区叫作河套地区，这里土地肥沃，灌溉农业发达。

中卫高庙是一座三教合一的寺庙。庙的砖雕牌坊上有一副对联："儒释道之度我度他皆从这里，天地人之自造自化尽在此间。"高庙的主要建筑沿着中轴线逐渐增高，殿宇的屋檐层层叠叠，翼角高翘，构成了错落有致的空间。

宁夏自古为我国北部边防前线和边塞要地，有"关中屏障，河陇咽喉"之称，战略地位十分重要。自战国时期起，秦、汉、隋、金、明等几个朝代，都曾在宁夏修筑过长城。如今还能在中卫看到不同时代留下的长城遗迹。

沙坡头

沙坡头地处腾格里沙漠的东南边缘。在这里，可以看到大漠、黄河、高山、绿洲。夜晚，银河横贯天际，就像一条空中的黄河。

灌溉农业

兰州

兰州地处黄土高原之上，当列车抵达兰州站后，海拔逐渐升高。

兰州历史可追溯到秦汉时期，自汉至唐宋兰州都是丝绸之路上的商埠重镇。新中国成立后，兰州成为了我国重要的石油化工城市。兰州也是我国西部重要的铁路枢纽，经过这里的铁路干线有陇海线、兰新线等。

兰州白塔

兰州是黄河流经的重要城市，也是甘肃省的省会，有着悠久的历史和丰富的文化遗产，是丝绸之路的重要节点之一。

甘肃省博物馆

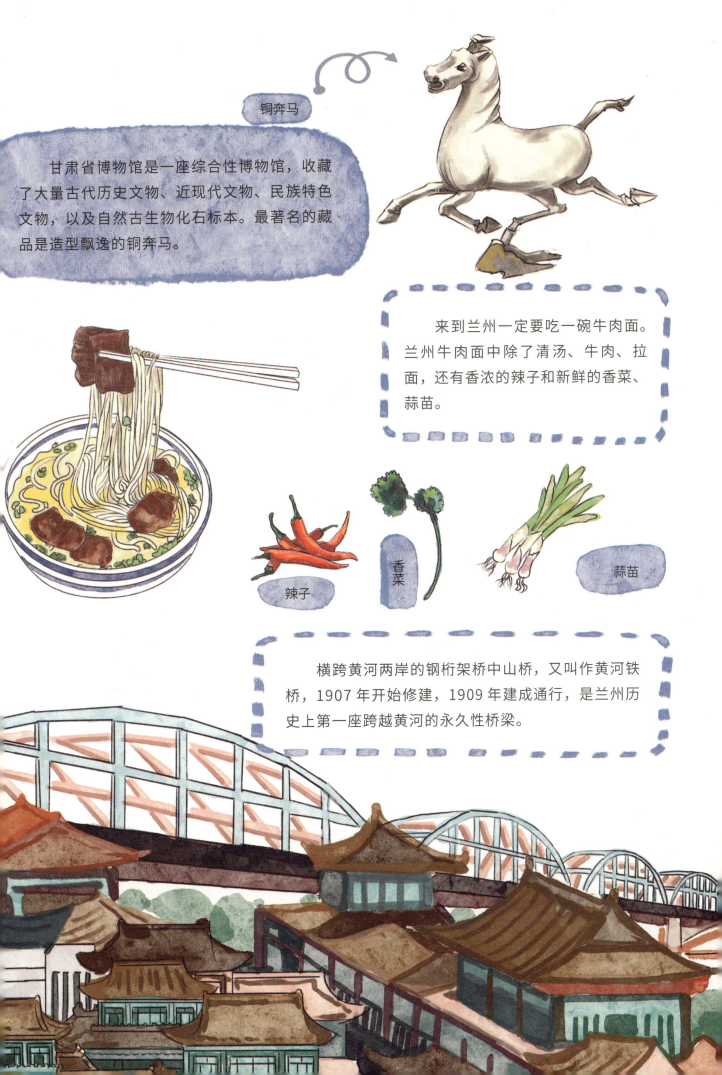

铜奔马

甘肃省博物馆是一座综合性博物馆，收藏了大量古代历史文物、近现代文物、民族特色文物，以及自然古生物化石标本。最著名的藏品是造型飘逸的铜奔马。

来到兰州一定要吃一碗牛肉面。兰州牛肉面中除了清汤、牛肉、拉面，还有香浓的辣子和新鲜的香菜、蒜苗。

辣子

香菜

蒜苗

横跨黄河两岸的钢桁架桥中山桥，又叫作黄河铁桥，1907 年开始修建，1909 年建成通行，是兰州历史上第一座跨越黄河的永久性桥梁。

西宁和周边

西宁是青海省的省会城市，有着两千多年的历史。秦汉之前，这里是游牧民族羌人生活的地方，汉魏时期在此设郡，现在这里生活着汉族、藏族、回族、土族、萨拉族、蒙古族等民族。西宁地处黄河支流湟水上游谷地，四面环山，是青藏高原东北的门户。从西宁开始，列车正式开始青藏铁路之旅。

花儿是流行于我国西北以及中亚地区的一种民歌形式，以情歌为主，演唱时在固定的曲式中可以即兴编词，富有生活趣味。民间还有花儿会，是民众自发聚集起来唱花儿的活动。

紫斑牡丹

丁香花

甜醅

酸奶

来到西宁，一定要尝一尝这里的酸奶、甜醅、酿皮等美食。

西宁作为多民族聚居的城市，其少数民族服饰的多样性和独特性是当地文化的一个重要组成部分。这些服饰不仅展示了各民族的传统和习俗，也是中华民族多元文化的生动体现。

回族

藏族

塔尔寺是藏传佛教格鲁派的创始人宗喀巴大师的降生地，位于西宁市湟中区。塔尔寺距今已有400多年的历史，如今这里建筑规模宏大，寺中保存着大量佛教经典。塔尔寺的酥油花、壁画和堆绣，被称为"塔尔寺三绝"，有着独特的民族风格。

西宁及其周边地区的野生动物资源丰富，不仅有自然保护区，还有西宁野生动物园这样的场所供人们观赏和学习。这些野生动物的存在和保护工作，也是西宁有着良好生态环境的体现。

雪豹

兔狲

荒漠猫

青海湖与柴达木盆地

　　出西宁后，立刻能够感受到一种来自高原的清爽气息。列车接着行进，油菜花地的明亮黄色让人眼前一亮。青海湖是我国最大的内陆湖和最大的咸水湖，古人把它叫作"西海"。离开青海湖，继续向西，就进入了柴达木盆地。柴达木盆地由于周围高山的阻挡，季风和水汽难以进入，因此异常干旱。

　　青海湖沿线的油菜花从每年的 6、7 月份开始绽放，一直到 10 月份都能看到这抹鲜亮的黄色。

　　青海湖沿线的油菜花盛开时，有许多的蜜蜂来传粉。如果有蜜蜂在你身边飞来飞去，请保持冷静，不要打它，静静地等它飞走就可以了。

油菜花

蜜蜂采蜜

卢森岩画在青海湖西北的天峻县鲁茫沟，距离青海湖约 80 千米。卢森岩画有着丰富的画面和故事，描绘了放牧、舞蹈、狩猎、战争等场景，画面上出现了许多的动物形象。

2005 年，科学家在柴达木盆地西台吉乃尔湖东边雅丹地貌形成的上新世湖相沉积地层中发现了鱼骨特别粗大的伍氏献文鱼化石。

伍氏献文鱼是高原加剧隆升的见证，也是柴达木盆地成为季风难以达到的非季风区、干旱化不断加强的见证。

柴达木盆地的许多植物为了适应干旱的气候，演化出了独特的形态和结构，比如硬刺或肉质状的叶片。

肉质状叶片

硬刺状叶片

德令哈—格尔木：高原日落

德令哈位于青海省北部，是海西蒙古族藏族自治州州府的所在地。德令哈站海拔接近3000米，Z21次列车抵达时正好是日落时分，掀开窗帘，就可观赏到高原壮美的日落，这真是旅途中一大乐事啊！在德令哈站短暂停留后，火车继续西行，前往格尔木。

快到格尔木车站时，铁道两旁陆续出现一片片灰白色的水洼，这就是察尔汗盐湖。察尔汗盐湖是我国最大的天然盐湖，蕴藏有丰富的氯化钠、氯化钾、氯化镁等无机盐。

在荒漠中，胡杨是唯一能天然成林的树种。距格尔木市区约 60 千米的地方，就有着一片青海省唯一、也是世界上海拔最高的胡杨林。它是格尔木市的生态屏障和重要保护地。

在格尔木站，列车就要换车头啦！因为过了格尔木市，路就会变得崎岖陡峭，海拔也越来越高，受这些因素的影响，需要将电机车头更换为内燃机车头。

海拔越高，大气压越低，而液体的沸点会随着气压的降低而下降，这也就是为什么随着海拔攀升，沸水也变得越来越不热了。

察尔汗盐湖地处戈壁荒漠腹地，气候炎热干燥，长期的风吹日晒使湖区蒸发量高于降水量，湖区内高浓度的盐卤水逐渐结晶成粗大的盐粒，盐湖表面结成厚厚的盐盖，汽车都可以在上面行驶。

夜晚行经可可西里

　　列车行进了2个多小时后,进入著名的可可西里。进藏列车从格尔木站开始供氧,如果你有高原反应,可以使用座位旁的氧气罩缓解症状。接下来,列车要开始翻越昆仑山了。

　　这是我们在这列火车上的最后一个晚上,一觉醒来就要到达目的地啦。

　　昆仑山山口位于青海省西南部、昆仑山中段,格尔木市区南160千米处,是青海、甘肃两省通往西藏的必经之地,也是青藏公路、青藏铁路上的一大关隘,亦称"昆仑山垭口",海拔4767米。

　　昆仑山脉连绵不断的、雪白的山峰像是美丽的白色波浪。珠穆朗玛峰虽然海拔高,但由于坐落在青藏高原上,所以看上去起伏不太明显。

冻土是指温度零摄氏度及以下，并含有冰的各种岩石和土壤。冻土有的是季节性的，有的则是长期的。我们即将经过的风火山隧道位于永久性高原冻土层内，是目前世界上海拔最高、横跨冻土区最长的高原冻土隧道。

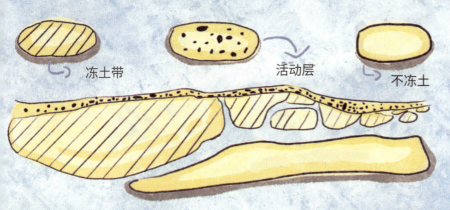

冻土带   活动层   不冻土

可可西里是我国最大的一片无人区，也是青藏高原特有的野生动物藏羚羊、野牦牛、藏野驴、白唇鹿的栖息地。

气候变暖会导致冻土融化与冻结不平衡，这一变化容易引发地质灾害。另外，冻土还是全球生态系统不可或缺的一部分，对维持全球生态平衡十分重要。

唐古拉山—那曲

在可可西里腹地穿行数百里后，列车一路向唐古拉山进发。唐古拉山是青藏铁路和青藏公路的最高点，山脉脚下就是美丽的措那湖。翻过了唐古拉山，我们即将到达海拔4513米的那曲站，这是我们到拉萨之前的最后一站。

唐古拉山有大面积的冻土地带，山口天气极不稳定，即使在夏天，也常常出现冰雹、霜雪等突发天气。山口的空气含氧量只有海平面的百分之六十左右，所以大部分游客经过唐古拉山口时，会有明显的高原反应。

唐古拉山车站是我们这一程经过的最有名的车站之一。为了纪念因修建青藏铁路而牺牲的108名烈士，火车站不远处矗立着一座中铁十七局唐古拉纪念碑，石碑上刻有"世界铁路海拔最高点5072米"的字样。

那曲
NA QU
海拔：4513m

唐古拉山是长江和怒江的分水岭，也是青海省和西藏自治区两省区的天然分界线。唐古拉山是藏族人民心中敬仰的山。

唐古拉山口
海拔5231米

每年藏历六月，也就是公历 8 月中旬，那曲都会举办赛马节。节日期间，赛马场周边布满帐篷，晚上人们则会围着篝火跳舞。

那曲的羌塘自然保护区是世界上湖泊数量最多、湖面最高的高原湖区，植被以高原荒漠草原为主。羌塘北部的大片地区高寒缺氧、交通不便，人类无法适应，然而这里却是野生动物的天堂。

藏羚羊

措那湖

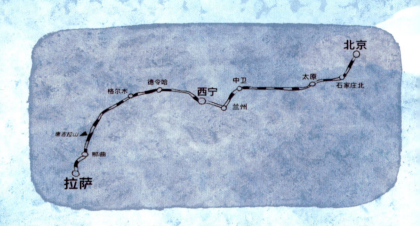

　　窗外，措那湖缓缓地出现，湛蓝的湖水、连绵的雪山、层叠的白云、碧蓝的天空在眼前铺开，灿烂炫目的阳光，洒在散落着牛羊的青色草地上……这一切就像是大画家的调色盘。正在放牧的藏族女孩看到火车驶来，远远地朝着我们挥手，我们也向她挥手致意。

　　列车再向前行进，就进入了那曲高寒草甸，那里自然条件严酷，人烟稀少。那曲草甸草原主要由小蒿草组成，虽然仅有 3～5 厘米，但生长十分密集，就像大地上铺了一块巨大的绿色毯子。

湖畔仿佛鸟类的天堂，在这里栖息着黑颈鹤、藏雪鸡、斑头雁等数十种可爱的鸟类。

斑头雁

黑颈鹤

牦牛

措那湖所在的区域，分布着丰美的紫花针茅，这里也是西藏重要的牧区。

牦牛是高原上独具特色的一种动物，它们体型庞大，有很长的毛，能负重，又耐寒。它们除了能为人们提供肉食外，还是重要的运输畜力，被称为"高原之舟"。

藏族的服饰有着悠久的历史。藏族的主要服装藏袍，腰部肥大、袖长，由羊毛织的鲜艳料子和皮革制成，还常常用珊瑚、玛瑙等宝石作为装饰。

藏雪鸡

驶向拉萨

当列车驶过拉萨河，不一会儿，我们就能远远地望见布达拉宫。高原上没有云层遮挡，再加上空气稀薄，视野非常清晰，我赶忙拿起相机，按下快门……

风干肉是这里独具特色的食品。秋季，人们将鲜牛羊肉割成条状，挂在阴凉通风处风干。在制作风干肉时也会撒上盐、花椒粉、辣椒粉、姜粉等调味。

糌粑是将青稞炒熟后磨成的细面，味道很香。将奶茶倒入碗中，加入酥油奶渣，化开，加入糌粑粉，用手指搅拌均匀，团成一个小团，边团边吃，就是一道简单香浓的美食。

布达拉宫是世界上海拔最高、规模最大的宫堡式建筑群，它坐落在拉萨的玛布日山上，远远就能看到白宫、红宫和鎏金屋顶。布达拉宫的红宫居于中央，供奉着佛像，用于宗教事务；白宫位居两旁，是世俗政治的中心。在布达拉宫的每一座殿堂和走廊中，几乎都可以欣赏到精美绝伦的壁画。

温江多遗址位于西藏自治区拉萨市曲水县才纳乡拉萨河下游右岸的一处扇形冲积谷内，海拔 3600 米。在这里出土的绿釉红陶带筒瓦莲花瓦当、蓝釉琉璃方砖、楔形砖等建筑材料表明当时唐朝与吐蕃的物质文化交流是十分密切的。

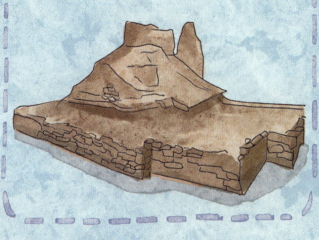

吐蕃是公元 7 世纪到 9 世纪中叶存在于青藏高原上的政权，自松赞干布至朗达玛延续 200 多年。公元 634 年，松赞干布派遣使者访问唐朝，与唐朝展开了第一次正式友好接触。公元 640 年，唐朝派文成公主和亲吐蕃。

拉萨和周边

到了客栈放下行李，我来到一家甜茶馆体验。甜茶就是甜的奶茶，非常香浓。茶馆里还有一些图书，其中就有《格萨尔王传》，格萨尔王的故事引人入胜。休息过后，我打算去大昭寺游览一番。

饮茶是西藏人民生活中不可缺少的一部分。西藏饮茶历史非常久远。唐朝时期，川滇地区的商人就开始与高原上的人们进行物资交换，用蜀中的茶换取马、牦牛等，渐渐就有了著名的茶马古道。

大昭寺的历史可以追溯到7世纪中叶，是西藏最早的土木结构建筑，经过历代多次整修、扩建，形成了如今的宏伟规模。

《格萨尔王传》已经存在一千多年了，它长达60万行，是世界最长的史诗。它的内容主要分为三部分：第一部分描述天神之子在奇境里诞生的经过；第二部分描述雄狮国王格萨尔率领岭国军队降妖除魔，为民除害；第三部分写格萨尔老年传位，重返天国。

在《格萨尔王传》史诗千百年流传发展中，辛勤的民间说唱艺人起了关键作用，他们是史诗最直接的创造者、传播者和继承者。

草原八塔位于当雄县城外40多千米的青藏公路边。白塔四周布满五彩经幡，地上堆满年代久远的玛尼石。相传格萨尔王曾率兵在藏北草原征战，他麾下的大将夏巴丹玛香察在这里战死，这八座白塔就是为了表彰他的功勋。

拉萨生活

拉萨的八廓街有不少的特色餐馆、工艺品店，还有几家书店和画廊。除了西藏本地的特产，这里还有来自尼泊尔、印度等地的布料、耳环等。我给妈妈买了一条色彩艳丽的氆氇披肩，希望她喜欢。

氆氇是用羊毛织的毛料，藏族人用它缝制藏袍、藏帽、藏靴和衣裤。一件优质的氆氇藏袍，又好看，又保暖，而且十分耐穿，甚至可以穿好几代。

藏袍

藏帽

藏靴

八廓街，应当叫作"帕廓"街，"帕"的含义是中，"廓"的含义是转。以大昭寺为中心，沿着方形的街道绕一圈称为"帕廓"，意即"中转"，表示向大昭寺内的释迦牟尼佛朝拜。来朝拜的人很多，因此这里建起了旅馆、商店等，逐渐发展为今天八廓街的面貌。

香砖

麝香

柏木

藏红花

檀香

牛角

藏香的制作过程繁复，匠人需要先用水磨把主要原料柏木碾成木浆，再将木浆晾晒制成香砖。之后，把香砖揉碎，加水制成香泥，严格按比例加入藏红花、麝香、檀香等数十种香料、药材，最后塞入牛角挤压成条，待它晾干就制成啦。

《智美更登》是藏戏的经典剧目之一，讲述了乐善好施的王子智美更登将国宝施与敌人，被父王放逐，途中他把妻子、两个儿子和自己的眼珠也送给他人，后来国宝、妻子、儿子又被归还的故事。

图书在版编目（CIP）数据

坐着火车去旅行 . 北京—拉萨篇 / 万卷诚品编绘 .
乌鲁木齐 : 新疆青少年出版社 , 2025. 4. -- (美丽中国
行). -- ISBN 978-7-5756-0298-3

I. K92-49

中国国家版本馆 CIP 数据核字第 2025YK2960 号

出 版 人　马　俊
选题策划　冯　超　刘丙海
责任编辑　张红宇
装帧设计　文熙文化

美丽中国行
MEILI ZHONGGUO XING

坐着火车去旅行（北京—拉萨篇）
ZUOZHE HUOCHE QU LÜXING（BEIJING—LASA PIAN）　　　　　　万卷诚品　编绘

出版发行　新疆青少年出版社有限公司
社　　址　乌鲁木齐市经济技术开发区（头屯河区）泰山街 608 号
邮　　编　830015
电　　话　0991-8156943（编辑部）　　0991-8156920（总编室）
网　　址　https://www.qingshao.net
邮　　箱　xjqingshao_pd@vip.126.com
经　　销　各地新华书店
印　　刷　天津世丰纸制品加工有限公司
开　　本　889 mm×1194 mm　1/16
印　　张　2
版　　次　2025 年 5 月第 1 版
印　　次　2025 年 5 月第 1 次印刷
书　　号　ISBN 978-7-5756-0298-3
定　　价　49.80 元

CHISO 新疆青少年出版社